パパの
男学入門

責任感が男をつくる

Ryuho Okawa
大川隆法

まえがき

人前で講演をしたり、本を出版したりすることは、毎回恥をかき続けるということである。漢字の読み違いをしたり、ちょっと口が滑《すべ》って自慢話をしてしまったら、たたかれたりもする。

若くて成功する気満々《きまんまん》の人たちは、自分たちがこんなに頑張って、快進撃《かいしんげき》しているのに、マスコミが取り上げてくれないことに不満を持つ。マスコミが、大きなものは小さく、小さなものは大きく取り上げる傾向を持つことを、まだ知らないのである。宣伝にならないものなら取り上げ、宣伝になるものを取り上げないのである。

この辺は世の中の「嫉妬《しっと》の原理」をよく知っていなければならない。息子世代の方々に言いたいことは、人にほめてもらうことをあまり期待しないで、黙々《もくもく》と自分の責任を果たしていけということだ。自分の欲を先にして、他人に後始末《あとしまつ》をしてもらう習性のある人は、残念ながら大を成《な》すことはまれだろう。

二〇一七年　十二月十九日

幸福《こうふく》の科学《かがく》グループ創始者兼総裁《そうししゃけんそうさい》　大川隆法《おおかわりゅうほう》

パパの男学入門　目次

パパの男学入門

——責任感が男をつくる——

二〇一七年十一月二十五日　説法《せっぽう》
東京都・幸福の科学総合本部にて

パパの男学入門

―責任感が男をつくる―

二〇一七年十一月二十五日　説法《せっぽう》
東京都・幸福の科学総合本部にて

1　人間の品位

これだけは覚えておけ

本書には、「パパの男学入門」という、少し変な題を付けてみたので、笑われるかもしれません。

この「パパ」には、いろいろな意味があります。例えば、「お父さん」の意味もありますが、「ローマ法王」も「パパ（Pope《ポープ》）」ですし、「天なる父」も「パパ（the《ザ》 Father《ファーザー》）」です。まあ、これは半分、〝ユーモア〟ですが。

ともかく、私はできるだけ、普遍《ふへん》的な法をいろいろなかたちで説こうと思ってはいるのですが、実際のところ、信者や読者のみなさんの九割ぐらいは、おそらく、家庭問題等で悩《なや》んでいるのではないかと思います。そういう意味で、本当は、個別具体的な話が聞きたいし、「わが家《や》は、どうしたらいいのですか」というような感じの質問が多いのかもしれません。

ただ、幸福の科学の支部長等も、それにピタッとくる回答ができるわけではなく、「これについては、こういう教えがあるから、それから見たら、こうなのではないでしょうか」というような導き方しかできないでいるのではないかと思います。

そこで、本書の発想自体は、「『男学』というか、『男かくあるべし』ということを言いたい」という気持ちから来てはいるのですが、「男かくあるべし」を言い切るには、若干《じゃっかん》、自信がないので、「入門」を付けて「男学入門」にしました。ただ、それでも、まだ多少、自信がないので、「パパの」を付けて、「パパの男学入門」ということになりました。

考えているのは、「父親として家庭を持つ者が、『息子《むすこ》に、このくらいは言っておきたい』と思うことは、どのようなことだろうか」ということです。

おそらく、一般《いっぱん》の学校や企業《きぎょう》等では、そういったことを、教科書に出てくる法則や教えのような感じで、あるいは、社是《しゃぜ》・社訓のようなかたちで教えてくれることは、なかなかないでしょう。そこで、「父親が息子に、『これだけは覚えておけよ』と言うとしたら、どのようなことを言うだろうか」ということを考えて、語りたいと思うわけです。

もっとも、そのすべてを語ることは無理でしょう。ただ、多少なりとも、いろいろな家庭にとって参考になるようなこと、また、息子を持つ人や、息子自身が聞けば、「そんな考えもあるのかな」と思うようなことを述べられればよいかなと考えています。

本書の趣旨《しゅし》は、だいたい以上です。

ちなみに、本書は、「娘学《むすめがく》」ではないので、そのあたりに差別があって申し訳ないとは思いますが、「男学」でも「娘学」でも、どちらでも構いません。みな男女のどちらかであり、それぞれ半分ぐらいでしょう。その意味で、「娘学」を学ぼうが「男学」を学ぼうが、〝人類学の一部〟であることは間違《まちが》いないので、参考にしていただければと思います。女性の読者は、「男というのは、そんなものなんだ」とか、「そうあるべきなんだ」とかいうように考えていただければ幸いです。

そうは言っても、今は現代なので、英雄豪傑《えいゆうごうけつ》の話をするわけにもなかなかいきません。したがって、「ごく普通の人間として生きていく上での考え方」ということになります。

ウサギとカメの話

さて、最初は、簡単なことから述べたいと思います。昔話に、「ウサギとカメ」の話があるでしょう。

「ウサギとカメが競走をしました。ウサギは足が速くてピョンピョン跳《と》んでいきましたが、カメはノロノロと歩いてきています。そのため、先に行ったウサギは、退屈《たいくつ》してしまって、途中《とちゅう》で昼寝《ひるね》をし始めました。そのうちに、カメはウサギに追いついて、追い越《こ》していきました」

このような話を、小さいころに絵本で読んだ人は多いだろうと思います。人生そのものを見ていると、この「ウサギとカメの法則」から逃《のが》れることは難しいなと、つくづく実感します。長年生きてくると、やはり、そのとおりになるなと思うのです。

この「ウサギが先行する」という部分に当たるのは、人生の前半部分、特に、就職する年齢《ねんれい》ぐらいまででしょう。十八歳《さい》や二十二、三歳ぐらいの二十歳《はたち》前後まで、平均寿命《じゅみょう》から見れば、四分の一ぐらいが終わっているあたりまでだと思います。

そのあたりで、だいたい、みな優劣《ゆうれつ》が出てくるし、多少、才能が出てくることもあります。あるいは、ものによっては、ずいぶん早い出方をする場合もあるでしょう。

例えば、スポーツでも、特殊《とくしゅ》なものであれば早めに才能が出てくるし、音楽なども、才能が出てくるのは、わりに早いと思います。また、詩などを書くような人も、だいたい、十代から二十代ぐらいで才能が出てきて、三十歳を過ぎると、なかなか難しくなってくることもあるでしょう。

また、理数系であれば、数学者や物理学者たちは、だいたい、十代後半ぐらいから才能が出てきて、二十代ぐらいで全盛期を迎《むか》えます。そのあと、三十代、四十代になると、過去の〝遺産〟で食べているような人がほとんどです。過去のものを教えることで生きており、新しいものは出てこないのです。ノーベル賞級のものは、ほとんどが二十代ぐらいで出てくるわけです。

また、最近の将棋界《しょうぎかい》では、中学生からプロになる人が出てきています。このあたりも、十数年に一人ぐらいの率なのでしょうが、早い人は早いのです。藤井聡太《ふじいそうた》四段などは、プロになって一年余りで五十勝を挙げたりしており、「●羽生善治《はぶよしはる》さんよりも早い速度で勝っている」ということも言われています。

人生は百メートル走、ではない

もちろん、こういう人が最後にどうなるかはまだ分かりませんが、最初のスタートダッシュから速い速度で走れたとしたら、百メートル走であれば、足の速い

●羽生善治（1970～）　2017年12月現在、7タイトルの永世称号《えいせいしょうごう》（永世竜王《りゅうおう》・永世名人・永世王位・名誉《めいよ》王座・永世棋王《きおう》・永世王将・永世棋聖《きせい》）の資格を保持する将棋界の実力者。

ほうが勝つのは当然のことです。しかし、「人生は百メートル走と同じではない」というところが問題であるわけです。

今は、「人生八十年」、あるいは、「九十年」という時代に入っていますが、「一年を一キロ」と考えれば、〝八十キロマラソン〟だと考えられます。そうなると、十キロ走った時点、二十キロ走った時点で先頭集団にいたとしても、最後がどうなるかは分かりません。最後はビリになっているかもしれないし、途中棄権《きけん》する人もたくさんいます。先頭集団を走っている人のなかには、脱落《だつらく》する人もいれば、脱水症状《しょうじょう》を起こしたり、転んだりする人もいるので、なかなか難しいのです。

このように、「『ウサギとカメ』の教訓は、子供時代にだけ覚えていればよいことではなく、後々《あとあと》まで響《ひび》いてくるものだ」ということは、知っておいていただきたいと思います。

気がつけば、〝ウサギ化〟していて、「もう、かなり〝カメ〟を引き離《はな》して勝っているから、いけるかな」と思って休んでいると、寝ている間に、いつの間にか追いつかれ、追い抜《ぬ》かれていることはあるわけです。

基本的に、人間の能力は、ごく特殊なものを除けば、一般的には「努力の法則」に支配されているものなので、結局、「コツコツと努力しない者には、必ず行き止まりが来るのだ」ということは、知っておいたほうがよいと思います。十年、二十年、三十年と、わりに飛ばしていけたとしても、必ずしも、その後が続くものではないのです。

限界のときに、自分を変えられるか？

あるいは、大相撲《おおずもう》でも、だいたい、三十歳ぐらいでピークは来ます。ただ、なかには、それからあとも筋肉を鍛《きた》え抜いて、三十代の後半ぐらいまで現役《げんえき》でいく人もいます。

千代《ちよ》の富士関《ふじぜき》は、三十代後半でも、まだ横綱《よこづな》を張っていましたが、筋力のつき方が、普通の相撲取りとはそうとう違っていました。肩《かた》の脱臼《だっきゅう》を治すために医者から筋力強化を勧《すす》められて、腕立《うでた》て伏《ふ》せを五百回以上やり続けていたようなので、筋肉のつき方が全然違っており、体重も少なかったのにもかかわらず長く相撲を取れました。そこには、やはり、「原因・結果の法則」がきちんと働いていたように思います。

そういうわけで、それぞれの年齢の限界はあるものの、努力と結果には比例するものがありますし、それによって、選手寿命を長く延ばすことができるところもあります。

ただし、もちろん、いずれ限界は来ますから、その時点で変わっていかなければいけないでしょう。例えば、横綱を張った人などは、筋肉だけで戦っていたような〝筋肉マン〟だったのでしょうが、親方などになってくると、今度は別の面が必要になってきます。

横綱になるような人は、たいてい、「勉強が嫌《きら》いで嫌いで」という人や、「十五歳ぐらいまでしか学校に行っていない」という人、あるいは、「相撲だけ取っていた」という人が多いと思うのですが、そのような人が親方になり、相撲協会の理事になり、理事長選に出るわけです。

そして、「理事長になる」ということになると、今度はマネジメントが必要になってきたり、テレビ局等の経営者の気持ちが分からないといけなくなったりします。世間解《せけんげ》というか、「世間がどのように見ているか」ということが分かる、政治家のような面まで必要になってくるわけです。

すると今度は、土俵《どひょう》で強いだけではなく、もう少し、相撲業界自体の人気を保つための、いろいろな視点や教養、知識、振《ふ》る舞《ま》いも必要になってきます。

そういうわけで、同じことは続けられないものの、かたちを変えながらでも相撲の仕事を続けていくためには、その年齢相応の新しい学習を始めて、それを続けていかなければなりません。

あるいは、横綱になると、「品位」ということを言われます。それまでは強ければよかったのに、「品位」を言われ始めると、少し分からなくなってくるでしょう。それを公案《こうあん》のように求めなくてはいけなくなるので、難しいものだなと思います。

十代ぐらいのころであれば、「早く土俵に上がって、幕内《まくうち》で相撲を取って、給金をもらうこと」で頭はいっぱいだと思うのです。しかし、そのあと、大関、横綱となってくると、だんだん社会的地位が出てきて、それなりの振る舞いが必要になってきます。

もちろん、土俵上の振る舞いが横綱らしかったり、大関らしかったりしたとしても、連戦連敗したら、もう駄目《だめ》です。それだけで、休場するか引退するかになります。したがって、勝たなくてはいけないのですが、勝ち方に品位がない場合も怒《おこ》られるのです。それは、本業の土俵上でもそうですが、「土俵外のオフのときに、どうであるか」ということも問われるわけです。

そうしたことは、下《した》っ端《ぱ》の人であれば、あまり言われません。幕下《まくした》で、そこまでの責任もなく、いつ辞《や》めるかも分からないような人には、誰《だれ》もそこまでは問わないのですが、横綱で、大写《おおうつ》しになってニュースに出るぐらいになってくると、土俵外のことが問われるようになります。要するに、それ以外のところでの人間性を問われるわけです。

なぜなら、スポーツというのは、おじいさんやおばあさんなど、大人も見ているけれども、多くの子供たちも見ているからです。「相撲取りは、子供たちに夢を与《あた》える職業の一つとしてある」と考えれば、やはり、「見習ってもよい人」になってもらわなければ困るのです。

例えば、犯罪者のようなタイプの人が、子供たちの目標になったのでは困るでしょう。そういう意味で、土俵外、あるいは、〝オフの時間〟であっても、やはり、模範《もはん》にならなくてはいけなくなるわけです。

公人の品位が問われるとき

これは、おそらく、野球選手でも同じでしょう。野球で、いくら打率が高くても、投球がうまくても、〝キレて〟審判《しんぱん》に殴《なぐ》りかかったりするようなことをやると、出場停止になったり、場合によっては、「プロ失格」というところまで行ったりすることがあります。そのように限度があるわけです。

確かに、何万人もの大勢の人々が見ているなかで、あるいは、テレビ中継《ちゅうけい》をされているなかでの投球であれば、「今のはストライクだったのに、ボールと判定したのは絶対に許せない」と言いたくなるのは分かります。

ただ、今は昔に比べれば、判定の精度はそうとう上がっており、ビデオを巻き戻《もど》して、リプレイしてまで確認しようとすればできる時代です。

もちろん、「それでも収まらない」という場合はあると思います。しかし、そういうときに、クレームをつけるぐらいまでは許される場合もあるかもしれませんが、殴りかかったりするようなところまで行くと、さすがに退場させられたりするでしょう。

サッカーやラグビーなどでも、やはり、似たようなことはあると思います。イエローカードやレッドカードが出ることもあります。

そのように、競技そのものが得意でも、立ち居振る舞いのところの責任を問われることはあるわけです。

あるいは、政治家も同じです。憲法では、議会のなかの発言等は責任を問われないことになっていますが、議会外のことでは責任を問われています。

●**憲法では……**　日本国憲法第51条「両議院の議員は、議院で行《おこな》つた演説、討論又《また》は表決について、院外で責任を問はれない。」

もちろん、議会内のことは責任を問われないといっても、テレビで中継しているときに、汚《きたな》い野次《やじ》を飛ばしたり、質問のなかに不適切な意見が入っていたりしたら、道義的責任というか、国民から選ばれた者としての責任を問われることはあるでしょう。

ともあれ、そうした責任を問われるのは、立場相応に、より「重み」がかかっていることを知らない人の「甘《あま》え」であることも多いのではないでしょうか。

2　才能と結果

努力するのは自分、偉《えら》くしてくださるのは他人《ひと》

ここまで述べてきたことで、人間の成長に関して一つ言えることは、「努力の継続《けいぞく》なくして、実力や地位、名誉《めいよ》、あるいは、収入を保持することは、極《きわ》めて困難なのだ」ということです。これは、一つ知っておいてほしいと思います。

ただ、その一方で、自分が努力さえしていれば、確実にそういったものが手に入るかといえば、そうでもないわけです。

いろいろなときに繰《く》り返し述べていますが、努力するのは自分であっても、偉《えら》くしてくれるのは自分ではありません。ほかの人が偉くしてくれるのです。ほか

の人の「押《お》し上げ」、あるいは、「引き」というものがあって偉くなることができるわけです。

したがって、これがない人は上がれません。いくら努力したところで、「他人《ひと》が押し上げてくれる」、あるいは、「引き上げてくれる」ということがなければ、上には上がれないのです。「自分は努力したから当然だ」と思っても、そんなことはないわけです。

もちろん、努力するのは当然です。努力していない者を引き上げたら〝化《ば》けの皮〟が剝《は》がれるし、努力していない者を押し上げても、やはり、賄賂《わいろ》でももらっているのかと思われるぐらいのことでしょう。いずれ、そのあたりについての適否は問われるので、「押し上げた人」にも「引き上げた人」にも、責任がかかってくることになります。

そういうわけで、努力はして当然なのですが、努力すれば必ず成果が出るわけではありません。したがって、努力だけで自分が上に上がれると思っては駄目《だめ》です。「上がるときには、他の人が押し上げてくれるものだ」ということは知っておいたほうがよいでしょう。

これは、私なども、比較《ひかく》的早いころに気がついていたことではあって、二十代ぐらいのときには分かっていました。

自分は、努力はできるし、一生懸命《いっしょうけんめい》やることはできます。しかし、それを評価してくれるか、あるいは、例えば、「自己顕示《けんじ》欲や偉くなりたいためにやっている」「他の人を出し抜《ぬ》くか、追い抜こうとしている」「ギラギラしているだけ、目立ちたいだけ」というように取るか、それを決めるのは他人様《たにんさま》であるわけです。

私の二十代のときにも、評価としては両方あったと思います。私自身はそういうつもりでなくても、違《ちが》うように取る人もいたし、そう取らない人もいました。

そのように、結果的には、人が自分をどう評価するかは、全体的な意思や、いろいろな人の意思で決定されることなので、上げ下げの両方があるわけです。
「これについては、自分の力でなるものではないのだ」ということは、知っておいたほうがよいと思います。

結果を出せる男が持っているもの

要するに、生まれつきの才能を持っているからといって、そのままいけるものではないのです。「その上に、さらに努力を重ねることができ、他の人がそれを支持する」、あるいは、「引っ張り上げる」という行為《こうい》がなければ、結果が出ることはないわけです。

例えば、横綱《よこづな》として、いくら資質があって、立派な体を持っており、強いなと思われていたとしても、「どうも、稽古《けいこ》をしているときの態度が悪い」とか、「部屋で親方夫人に八《や》つ当たりをしている」とか、そのようなことがたくさん聞こえてくるとしたら、どうでしょうか。

だんだん、みな、「この人の昇進《しょうしん》は用心したほうがいいかな」などと思って、「あと一年、二年、様子を見てみよう」というようなことになるわけです。あるいは、「後輩《こうはい》いじめをやっている」といったことになると、「そういう立場に立っていいのか」と思われたりします。

結局、そういったものが、たくさんかかってくるので、このあたりについては、自己の拡大というか、世間《せけん》のなかに自分を投影《とうえい》して見なければいけないわけです。

アリとキリギリスの話

さて、「ウサギとカメ」から、その延長上にあるものの話をしてきましたが、これは同時に、「アリとキリギリスの話」にもつながっていきます。

これも有名なイソップ物語の一つです。

「食糧《しょくりょう》が豊富な夏の暑いころ、アリは、せっせと働いて、砂糖の粒《つぶ》やその他の食糧を巣穴に運んでおりました。一方、キリギリスは、バイオリンを弾《ひ》いて楽しく過ごしておりました。やがて、秋風が吹《ふ》いて冬が来たとき、しっかりと蔵《くら》のなかに餌《えさ》を貯《た》めていたアリは持ち堪《こた》えることができましたが、キリギリスは餌がなくなると死んでしまいました」というお話です。

ちなみに、一九八〇年代の後半ぐらいには、この話の変化形が流布《るふ》していました。当時は、竹村健一《たけむらけんいち》氏なども言っていたと思いますが、「日本人は働きすぎだ」という論が出てきたころだったので、この物語に〝ひねり〟が加わり、「アリは、暑い夏から一生懸命、働いていました。一方、キリギリスは演奏会をして遊んでおりました。やがて、秋が来て冬が来たとき、アリは過労でみんな死んでいましたが、キリギリスは生き残っていて、年を越《こ》すことができました」といった話になっていたのです。

そのように、「日本人は働きすぎて、冬になる前の秋ごろには、過労で死んでいる」という話が、一九八〇年代後半ぐらいから一九九〇年ごろにやたらと流布していました。

また、ソニーの社長や会長を務めた盛田昭夫《もりたあきお》氏も、ヨーロッパを回って日本に帰ってきた際、「大変だ、大変だ。欧米人《おうべいじん》に比べて日本人は働きすぎだ」と言い始めたのです。

「これからはリゾート・アンド・リサーチの時代だ。もう、いいかげん、働くのはやめて、海岸で遊んだり、ヨットをやったり、テニスをやったりして、ちょっと遊びの時間を増やさなければいけない。アンフェアな競争が行われているし、このままでは、アリみたいに過労死してしまう。キリギリスの余裕《よゆう》に学ばなければいけない」ということを言っていたわけです。

それを聞いて、私は、「盛田さん、大丈夫《だいじょうぶ》かな。変わったことを言い始めたな」

と思っていたのですが、盛田氏は、その何年か後に、品川《しながわ》プリンスホテルで、朝、テニスをしているときに倒《たお》れ、九〇年代後半にコロッと亡《な》くなってしまいました。

盛田氏は、竹村健一氏たちともテニスをしていましたが、当時は、早朝の七時台ぐらいにやっていたようです。

しかし、激しい運動をすると血圧が上がるので、朝の寒いころだと、余計に危ないのです。特に歳《とし》を取ってからは、ウォーミングアップをして、体が温かくなってきてからやったほうがよいわけです。ところが、盛田氏は、若いころと同じような気持ちでやっていたせいか、テニスをしている最中に脳内出血を起こして病院に運び込《こ》まれ、その後、何年かして亡くなってしまいました。

そのような、「(名経営者が)朝から一生懸命、テニスをしていたけれども、逝《い》ってしまった」ということもあってか、そのあと、日本経済全体がグッと詰《つ》まった感じになってきたように思います。「働きすぎだ。これからは、もう少しレジャーをやらなければいけない。余暇《よか》の時代だ」などと言っていたのに、結果は、九〇年代に入り、バブル崩壊《ほうかい》でどんどん会社が潰《つぶ》れ、統廃合《とうはいごう》されて、リストラが長く続きました。強かったソニーでさえも、だんだんに凋落《ちょうらく》していき、今もそれが続いています。ソニーだけではなく、どの会社も先行きは不透明《ふとうめい》なので、なかなか厳しいものです。

こうしたことを見ると、「昔から伝わっているものは、そんなに簡単に変えられるものではない」ということが分かると思います。

昔からの言い伝えを甘《あま》く見ないこと

ところが、当時と同じようなことが、今もまた言われています。「働きすぎだ」とか、「過労死した人が出た」とかいうと、全体的にバッシングが起きたりしますし、人が一人亡くなるだけで、全業界が終わりのような言い方をしたりもします。もちろん、亡くなった方には気の毒なことであったでしょうし、仕事のやり方や仕組み自体については見直すべきかもしれません。

しかし、それによって、政府が、「働かないほうがいいから、働くのはできるだけ減らしてください」と言い、逆に「賃上げをしてください。全部、ベースアップしてください」と要請《ようせい》していると、どうなるでしょうか。

それについては、だいたい予想はついていて、「冬が来たら、餌がなくなって、みな飢《う》え死にしてしまう」「好況《こうきょう》であればいいけれども、不況が来たときには、バタバタと会社が潰れ、やがて、失業者の山、自殺者の山、病人の山、家庭不和の山ができるだろう」ということが見えているのです。

どうか、「昔から言われている言い伝えは、簡単な言い方ではあるけれども、甘《あま》く見てはいけない」ということは知っておいてください。

3　凡人《ぼんじん》の話

凡人がよく使う言葉

私が若いころから、いろいろと読んだり、考えたりしたことのなかで、「なるほどな」と思ったものが、幸福の科学の教えにもなっている場合がありますが、そのうちの一つが「自助努力」です。

幸福の科学は、宗教にしては自助努力をよく言う宗教なので、海外の人から見ると、「もう少し他力《たりき》もないといけないのではないか」というところもあるようです。また、日本の宗教においては、他力型のものも多いので、「宗教にしてはやや厳しい」、あるいは、「弱者に対して厳しすぎるのではないか」といった批判もあるかもしれません。

ただ、私が自分自身でも経験し、また、周りの人を何十年か見続けてきた結果、言えることは、「勉強や仕事において、努力しても失敗することやうまくいかないことは当然あるけれども、そのときに、周りの人のせいや環境《かんきょう》のせいにするような人は駄目《だめ》だ」ということです。

こうしたことを、私は初期のころから繰《く》り返し何度も説いてきました。おそらく、〝三十年もの〟の職員や信者は覚えていると思いますが、これは、繰り返しいくら言っても、なかなか分からないものなのかもしれません。

凡人《ぼんじん》というのは、うまくいったら、「それは自分の力だ。自分には実力も才能もあるのだ」と考えます。また、努力をしてきた場合には、「自分の努力が正当に認められたのだ」と思うものです。逆に、うまくいかなかったら、「家庭が悪い」、「友達が悪い」、「学校が悪い」、「職場の上司が悪い」、「同僚《どうりょう》が悪い」、「会社の方針が悪い」、「社長が悪い」、あるいは、「国の経済が悪いから、こうなんだ」、「世界的に不況《ふきょう》だから、しかたがないんだ」というように、だいたい外のせいにしていきます。

もちろん、「こうしたことは関係がない」とは言いません。それがまったく影《えい》響《きょう》しないのであれば、偉《えら》い人がいる必要もなければ、国家運営や会社運営も要《い》らないわけです。「各人が勝手に働けばいい。フリーに出勤して、フリーに働いて帰っても、みなが食べていける」というのなら、それに越《こ》したことはないだろうと思います。しかし、実際は、そうもいかないので、経営者などの責任ある人たちが、よくするために努力しているのです。それは事実だろうと思います。

一方、責任ある立場に立っていない人には、そういうことはできませんので、普通《ふつう》は、どこかの経営体のなかに入っているものでしょう。

ともかく、「成功したら、自分の力であるとし、失敗したら、ほかの人や環境、生まれつき、先祖などのせいにする」というのは、「凡人の性《さが》」とも言うべきものですが、長い目で見ると、そうしたタイプの人が成功者の部類に入るのは、極《きわ》めて難しいと言えます。

それは何人に一人の成功か？

何をもって成功と言うかは難しいところですが、ごく簡単な、基本的なレベルとして、ちょっとした成功というか、仲間内で「あいつは成功したね」と言われたりするようになる確率は、だいたい、五人に一人程度ではないでしょうか。飲み会などで、「おまえは、うまいこと成功したな」と言われるようになるのは、五人に一人ぐらいの率だろうと思います。

また、それよりももっと大きな成功となると、十人に一人、二十人に一人、百人に一人というように、どんどん数が減っていきますし、成功のレベルによっては、一万人に一人、百万人に一人になってくるでしょう。

スポーツ選手などでも、十億円プレーヤーといったレベルになると、百万人に一人ぐらいの成功者であって、めったになれるものではありません。

それは、会社の社長でも同じだと思います。やはり、社長として〝十億円プレーヤー〟になるには、その程度の難しさがあるでしょう。

例えば、トヨタの社長あたりでも、一億円以上の収入はなかなかもらえないものです。というのも、トヨタのように、三十万人以上の社員がいる大きな会社になると、社長の代わりができる人はいくらでもいるので、そんなに給料を取れはしません。副社長でも、専務でも、常務でも、やろうと思えば社長ができるでしょう。あれだけ組織が大きいと、多くの人が支えてくれているため、十分、回していけるのです。

こうしたことに関して、●渡部昇一《わたなべしょういち》先生は生前、「私は、中小企業《ききぎょう》の社長はでき

●渡部昇一（1930～2017）　英語学者、評論家。上智《じょうち》大学名誉《めいよ》教授。上智大学大学院修士課程修了後、ドイツのミュンスター大学、イギリスのオックスフォード大学に留学。帰国後、上智大学教授を務め、英語学のほか、保守系言論人として幅広い評論活動を行った。『英文法史』『渡部昇一「日本の歴史」』（全7巻）など、著作多数。

ないけれども、世界一の鉄鋼会社だったこともある新日鐵《しんにってつ》の社長ならできるかもしれない」と言っていました。

それが本当かどうか分からないところはありますが、確かに、「よきに計《はか》らえ」とやっていればできるのかもしれません。もし、私が「新日鐵の社長をやれ」と言われたら、多少は鉄鋼業の勉強をしないと、少し自信がないところもあります。「まったく分からない」というのでは、さすがに、社長としてはいられないのではないかと思うからです。

ただ、高度成長期、バブル期といわれるような時代であれば、〝座《すわ》っているだけ〟でもよかったのかもしれません。つまり、「業務知識を持っていなくても、とにかく対外的な挨拶《あいさつ》だけをしていればいい」というわけです。「役所の次官だったような人が天下《あまくだ》って、お飾《かざ》りでいて、財界で発言するようなときには、部下に原稿《げんこう》を書いてもらい、ちょっとコメントを読み上げれば済む」というように、天下りが楽にできる時代もありました。

実際に肩書《かたがき》どおりの仕事ができるのか

ところが、九〇年代に入り、経済が傾《かたむ》いてくると、それでは厳しくなってきたのです。

過去には、銀行などに、旧大蔵省《おおくらしょう》、今の財務省あたりからの天下《あまくだ》りがたくさん出ていました。

大蔵省が財務省に変わる境目《さかいめ》のころ、今は「あおぞら銀行」になっている日本債券《さいけん》信用銀行に天下った人がいたと思います。以前であれば、天下っても〝お飾り〟でよく、銀行局と渡《わた》りをつけていればそれで済んでいたのでしょう。

しかし、今度は、実際に経営をしなければいけなくなってきたわけです。「いろいろなところがバタバタ潰《つぶ》れて、統廃合《とうはいごう》している」、「赤字になって、整理をしてもたないので合併《がっぺい》を繰り返し、消えていく」といった時代になったら、実際に仕事ができなければいられません。そのため、天下りした人のなかには、首吊《くびつ》り自殺をしたような人もいたと思います。実に悲惨《ひさん》ではありますが、そうしたこともあるのです。

あるいは、日本長期信用銀行の場合、その経営体制について、週刊誌等は批判していたようでしたが、公費を投入したものの、結局は外資に十億円ほどで買われてしまいました。日本の税金を八兆円ぐらい投入したと思いますが、そうした会社が結局もたず、外資に買われてしまったのです。ほとんどタダ同然でしょう。何兆円ものお金を投入したのに十億円ぐらいで買われたのでは、たまったものではありません。税金を払《はら》っている者による反乱が起きてもおかしくないほどのことだったと思いますが、実に難しいものです。

やはり、「そんなにうまい話はないのだ」ということなのでしょう。

4　栄華《えいが》と末路

男が追い落とされるとき

私が大学を卒業するころは、「大学でいい成績を取って大蔵省《おおくらしょう》に入ると、採用された二十人ぐらいのうちの一人か二人は自殺して、四人ぐらいが局長になり、あとの人は課長で止まる」と言われていました。

大蔵省などで局長まで行くと、民間会社では常務あたり、さらに、次官まで出世すると、副社長あたりで受け入れをしてくれます。そのような感じでやっていたと思うのです。

そして、当時は、「役所の給料は安いと思うかもしれないが、次官まで勤め上げてから辞《や》めて、そのあと、天下《あまくだ》りをして二回ほど会社を移ると、それぞれの会社から退職金がもらえる。それらを合計すると、生涯《しょうがい》賃金は十億円ぐらいになる」というようなことが、勧誘文句《かんゆうもんく》、口説《くど》き文句になっていました。

「民間会社であれば、生涯賃金はだいたい二億円、よくて三億円ぐらいだ。しかし、大蔵省に入って、退官し、その後、銀行など二つぐらいに天下りすると、役所以外からの退職金がもらえる。それらを全部、合わせれば、生涯賃金は十億円ぐらいになるから、生涯として見ると、こちらのほうが儲《もう》かるのだ」というように言っていたのを覚えています。

こうしたことでも十分に（人材が）〝釣《つ》れた〟らしいので、「甘《あま》いな」とは思いますが、そこには、「いったん入れば、ある程度、出世できて、お金がもらえるから楽だ」という考えがあったと思いますし、自分で事業を起こして成功させ、億万長者《ちょうじゃ》になるのは難度が高いので、「リスクは避《さ》けたい」といった思いもあったのかもしれません。

日本では今も、「個人資産一兆円」と言われるトランプ大統領のようには、そう簡単になれません。「トランプ・タワーを持っている」、「マンションを持っている」、「フロリダ州に自分の〝宮殿《きゅうでん》〟も持っている」、「ゴルフ場付きのホテルも持っている」というようには、そう簡単になれるものではないでしょう。たいていの人は、会社のものを使うといったところで済ませているだろうとは思うのです。

しかし、今までバブル的に続いていたものが、急にルールが変わることによって追い落とされる場合もあります。

一九八〇年代ぐらいまでは「名経営者」と言われていた人が、一九九〇年代以降、失脚《しっきゃく》していく姿をたくさん見てきたので、「世の中とは、実に難しいものだな」と思ったものです。

西武グループ堤《つつみ》兄弟、その栄華《えいが》と滅亡《めつぼう》

例えば、西武グループの堤清二《つつみせいじ》氏と堤義明《よしあき》氏の異母兄弟なども、戦後の日本を代表する経営者の二人ではありました。

兄の堤清二氏のほうは、東大の経済学部を出ていますが、学生時代に全学連の運動をやっていたので、「左翼《さよく》は駄目《だめ》だ。共産党みたいなやつは、経営者にはなれない」ということで、父親に勘当《かんどう》されてしまいます。後《のち》に、形見分けで、池袋《いけぶくろ》にあるボロボロの百貨店を一軒《けん》もらっただけでしたが、そうしたところから始めて、西武セゾングループをつくっていったのです。

そのようにして、新しいエリアを広げたかと思われましたが、バブル崩壊《ほうかい》により、最後は、このグループも崩壊して、個人資産が百億円ぐらいあったらしいのですが、全部、〝没収《ぼっしゅう》〟されて終わりました。

一方、異母弟《いぼてい》である堤義明氏のほうは、妾《めかけ》さんの子であったわけですが、「経営者としては堅実《けんじつ》で、兄より優秀《ゆうしゅう》だ」と言われていて、ルポライターやジャーナリストからも評価は高かったのです。

堤義明氏は、早稲田《わせだ》大学在学中に、早稲田大学観光学会というサークルをつくったのですが、その後、冬季長野オリンピックのときには、長野県にスキー場を開きました。軽井沢《かるいざわ》駅を降りると、裸《はだか》にされた山にケーブルが通ってスキー場ができていたりと、そのあたり一帯が開発されていますが、これらは、彼が学生時代に立てた構想をもとにしてつくられたものなのです。これ以外にも、学生時代のグループで計画していたようなことを、経営者になってから始めたりもしています。

また、彼は、長野オリンピックのころには、日本オリンピック委員会の会長なども務めていたので、天皇陛下《へいか》のような感じになっていたのではないでしょうか。

新幹線は引くわ、駅はつくるわ、目の前の山を裸にしてケーブルは通すわ、自分のやりたい放題に〝日本列島改造〟をやりまくっていたようなところもあり、ほとんど天皇扱《あつか》いだったのかもしれません。

さらに、当時、次のニューリーダーと言われていた安倍晋太郎《あべしんたろう》氏、宮澤喜一《みやざわきいち》氏、竹下登《たけしたのぼる》氏の三人が自民党総裁選をしていたときにも、確か、堤義明氏が「次は宮澤だ！」というように言っていたのを覚えています。読売新聞か何かに、堂々と、「堤義明氏が、『中曽根《なかそね》首相（当時）は、次は宮澤氏を指名する。全財産を賭《か》けてもいい』と言っていた」といった噂《うわさ》が流れているという記事が載《の》っていたと思います。

結局、中曽根康弘《やすひろ》氏は、実際に選挙をしたら勝つであろう竹下氏を後継者《こうけいしゃ》に選んだのですが、堤義明氏は、首相の指名権があるぐらいまで、十分、〝バブッて〟いたのでしょう。

また、麻布《あざぶ》中高の近くの、坂を上がったところにある「清水《しみず》」という料亭《りょうてい》なども、社用で使ってしまっていました。噂ではそこの女将《おかみ》とできていたようで、役員会はいつもそこで行い、飲み食いすることで女将を養いつつ、女将も横に座《すわ》って意見を言うという感じの経営をしていたとも言われています。

それでも、黒字のときは、みなも我慢《がまん》してはいたようです。

白昼の逮捕《たいほ》劇

当時は土地担保《たんぽ》主義であり、利益が出すぎると税金を取られるので、「土地の担保価格が値上がりするしかない」という状態のときには、堤義明氏は、利益が出ると、必ず、新しい山を買ったりして損失を出し、十年ぐらいたてば採算が乗るような開発の仕方をしていました。

赤字をつくることで利益の部分を消し込《こ》み、会社としては税金を一円も払《はら》わないというやり方をして、税務署をして「芸術的な経営だ」と言わせたほどの経営をしていたわけです。税金をまったく払わないというのは、普通《ふつう》はなかなかできるものではありませんが、そういうことをして、みなを唸《うな》らせていました。

ただ、本人に言わせてみれば、「いや、そんなことはない。会社が払っていないだけであって、社員は所得税を払っているのだから、税金は払っている」ということだったようです。

しかし、この方法の場合、土地の価値が上がっているうちは可能でしょうけれども、それが潰《つぶ》れたら、どうなるでしょうか。値上がりを見込んで土地を担保にし、利益を消そうとしていた経営は、あっという間に大赤字に転落です。

そうなると、とうとう西武の役員陣《じん》も見放し、内部告発によって、「料亭『清水』で会議をして、女将が副社長のように意見を言っていた」というようなことが、週刊誌にたくさん出始めるようになりました。そして、最後には、日中、東京プリンスホテルの前に検察庁の車が来て、手錠《てじょう》をかけられて車に乗せられるところまで、テレビで放送されていたと思います。

しかし、これなどは、本来ならば、犯罪にするような話ではないのです。

彼の父親（堤康次郎《つつみやすじろう》）は、「ピストル堤」と言われ、不動産王でもあり、衆議院議長までも務めた人でしたが、堤義明氏はその父親の経営の仕方を忠実に守り、「堅実だ」と言われていました。

要するに、社会の法則、国家や経済の法則が変わってしまったために、今までの経営が、あっという間に駄目になってしまったというわけです。その結果、いろいろなことで突《つ》き上げられたり、内部からも批判されたりするようになりました。

つまり、「公器である会社を赤字化したということは、罪に問われることがあるのだ」ということです。個人会社であれば、なかなかそこまではいかないとは思いますが、大きな会社になってくると、そういうこともあるわけです。

西武グループの会社は、ほとんどが上場しておらず、その株のほとんどを自分で持っていたのではないかと思います。それでも、「万」の社員を持つようなことになれば、その会社は「公器」と見なされます。すると、そういうところが、倒産《とうさん》するほどの放漫《ほうまん》経営をしたということ自体が「罪」となり、それまでは問題のなかったようなことが、すべて、証券取引法違反《いはん》等で犯罪にされてしまうようなことがあるのです。

その結果、首相の指名権まであるかのように振《ふ》る舞《ま》い、天皇のようであった人が、日中、手錠をかけられ、大型のバンに乗せられて、拘置所《こうちしょ》に放り込まれるような最後になってしまいました。「成功した」といっても、そういうこともあるわけです。

「向かうところ敵なし人間」の末路

一般《いっぱん》的に、黒字が続いているうちは、従業員のチェックも緩《ゆる》く、甘いところがあるので、たいていのことは許してくれます。「黒字が続いている」、あるいは、「倒産もせず、まだまだ未来がある」ということであれば、料亭で役員会議を開いていても、役員たちもお相伴《しょうばん》にあずかっているわけですから、言えないところはあるでしょう。また、偉《えら》い人がそれだけ〝うまい汁《しる》〟を吸っていても、会社がうまくいっているのなら、組合等にも言う筋合《すじあ》いはないかもしれませんが、会社が傾《かたむ》いたとたんに、この責任は取らされます。これが公器の厳しさなのです。

したがって、「どこからが公器になるのか」ということは知っていなければいけません。そして、そうなった場合には、「動機責任」が問われると同時に、徐々《じょじょ》に、「結果責任」も問われる世界になってくるのだということです。これは厳しいと思います。

堤義明氏の場合は、それまでどおり、問題なく経営していたのに、社会のルールが変わり、国が急に、「地価を半分に下げる」などというようなことをし始めたために、大変なことになりました。そのようなことになれば、土地の担保価値がなくなり、銀行としては、貸し付けている資金が不良債権《さいけん》になるからです。

当時は、地価十億円と考えた場合、だいたい担保の八割ほどを掛《か》けて、最大で八億円ぐらいまでは融資《ゆうし》ができるようにはなっていましたし、バブル期の最後のほうになると、銀行も、「今、十億円でも、来年には十一億円になっているから」と言って、ほぼ満額で貸し込むぐらいのことはどんどんやっていました。むしろ、「土地を買いなさい。買ったら、資金を貸せるから」という感じで、要《い》らない土地まで買うように勧《すす》めてくるような時代になっていたと思います。

ところが、「それは倫理《りんり》に反する」ということで、マスコミのバッシングが始まったために、政府も動かざるをえなくなり、〝貧乏神《びんぼうがみ》〟と思われる宮澤喜一氏によって、国民の財産である地価も株価も下がることになりました。その呪《のろ》いが、二十五年たった今でも、なかなか解けず、いまだあがいているところでありま す。

また、今、安倍首相が〝ミニバブル〟をつくろうとしているところではありますが、これがどうなるかは分かりません。ただ、そのあとの反動は来るでしょう。この〝安倍バブル〟で儲かる人もいるでしょうけれども、安倍首相にもどこかで終わりは来ますから、そのときには、反動で潰れるところはたくさん出てくるはずです。

このように、「できないことはない。向かうところ敵なし。何でもできる」と思っていたような人が、一転して犯罪者にされてしまうようなこともあるのが、世の中の厳しさなのです。

5　成功の持続

財界のトップがバス停に並んだ話

一方、「メザシの土光《どこう》さん」と言われた土光敏夫《としお》氏のような人もいました。土光さんは、一九八〇年代半《なか》ばまで、臨調《りんちょう》（臨時行政調査会）の会長として、結果的に成功したとは言えないものの、当時、百兆円ほどあった国の財政赤字の再建に取り組みました。これは、今の金額の十分の一以下に当たるのですが、「財政赤字が百兆円もある。これはいかん。何とかして減らさなければいけない」ということで、民間の財界人等が集まって対策を考えたわけです。

その時期に放送されたＮＨＫの特集で、土光さんが家での食事中にメザシを食べているところが流れたことがあり、このインパクトが大きかったために、「メザシの土光さん」と呼ばれるようになりました。

昔の江戸《えど》時代に返って、質素《しっそ》倹約《けんやく》しているような雰《ふん》囲気《いき》でしょうか。そういうことがあり、「臨調《りんちょう》の会長をし、かつては東芝《とうしば》や石川島播磨《いしかわじまはりま》重工（現ＩＨＩ）といったところの社長や会長をしていたような偉《えら》い人が、メザシを食べている。われわれは、もっとよいものを食べているから、これではいかん！」という感じで、「江戸の三大改革」風の引き締《し》めが〝フィーバー〟したわけです。

この土光さんが社長をしていたこともある東芝は、今はもう、原発関連でいろいろと問題になり、先行きがやや不透明《ふとうめい》な状態になっています。

また、石川島播磨重工の社長時代には、贈収賄《ぞうしゅうわい》事件の容疑で検察官に狙《ねら》われ、

『景気回復法―公開霊言　高橋是清《これきよ》・田中角栄・土光敏夫』（幸福の科学出版刊）

身辺を洗われていたそうです。しかし、検察側が土光さんの家を訪《おとず》れた際、社長だから、当然、黒塗《くろぬ》りの車で出てくるものだと思っていたところ、雨の日に、コウモリ傘《がさ》を差して、バス停に立ってジッとして並んでいる土光さんの姿を見つけ、「えっ？　これが、あの石川島播磨のトップか」と思い、検察官が無罪を確信したという噂《うわさ》があるのです。

おそらく、こういう人には関係がないと思ったのでしょう。東芝や石川島播磨ほどのグループのトップであれば、秘書が車で迎《むか》えに来て当然のところを、雨の日にコウモリ傘を差し、トコトコと歩いてバス停に並んでいるのを見て、「ああ、この人は探《さぐ》っても無駄《むだ》だ。何も出てこない」ということが、直感的に分かったわけです。

そういうことで、「向こう（検察側）が諦《あきら》めた」という噂が広がっていた人でもあります。

このように、晩年になっても身辺に気をつけるというのは、なかなか難しいことです。「公《こう》」と「私《し》」の部分はありますし、本来であれば、その立場相応の待《たい》遇《ぐう》があっても構わないとは思うのです。まあ、今の東芝の状態を見て、土光さんがどう思うかは分かりませんが。

いずれにせよ、そういう土光さんをもってしても、百兆円の国家財政赤字が、その後、十倍にも膨《ふく》れ上がり、一千百兆円にまでなるとは、まさか思ってもみなかっただろうと思います。おそらく、「何をすれば、こんなことになるのだ」と思うのではないでしょうか。

それに関しては、「政治家たちが、選挙で当選をするために繰《く》り返し行《おこな》ってきたバラマキによるものだ」ということが言えるだろうと思います。

役所仕事と経営感覚

ただ、バラマキによって恩恵《おんけい》を受けている人もいるので、あまり責めてはいけないのかもしれません。役所は必ず一律に行うので、その恩恵を止めたら困る人も出てくるでしょうから、指摘《してき》するのには難しいところもあるとは思います。

ちなみに、私の長女（大川咲也加《さやか》）も、来年（二〇一八年）、出産の予定なのですが、その場合、港区《みなと》などから数十万円のお金を頂けるそうです。長女に、「お金がもらえるのか」と確認したところ、「うん、そうらしい」と言っていたので、どの家庭にも出産助成金なるものをくれるらしく、ちょっと驚《おどろ》いてしまいました。

個人的なことなので、あまり話してもいけませんが、まあ、くれるというものを悪いことのように言ってはいけないし、ありがたく頂かなければいけないのかなとも思っています。私自身、その話を聞いたときには、「所得税をかなり取られているのだから、ちょっとぐらい取り戻《もど》してもいいかもね」と言ってしまいました。

ただ、一般《いっぱん》的な経営者感覚で言うと、「子供を産んだら、どの家庭にもお金をばら撒く」などというのは、考えられないことです。もちろん、必要な人には出してもよいかもしれませんが、それだけで出産が増えるかどうかは疑問です。その一方で、財政赤字だけは確実に増えるのでしょう。

いずれにせよ、不思議な制度があるものだなと思いました。

途中《とちゅう》から駄目《だめ》になる男

ともかく、成功して偉くなってくると、「公私」のところが、だんだん難しくなってきて、今までなら問題がなかったようなことでも駄目になる場合もあります。そのため、出世してステップが上がるにつれ、自分に対して厳しくなっていかなければなりません。そうでなければ、通用しなくなってくるのです。ときには、ある日、突然《とつぜん》、「公人だ」ということでバッシングが始まるようなこともあります。

今まで、どこのマスコミもまったく扱《あつか》ってもくれなかったので、「自分に対して、世間《せけん》は何も関心がないから大丈夫《だいじょうぶ》かな」と思っていたところ、何かの一線を越《こ》えたか、問題に引っ掛《か》かったかしたとたんに、急にバッシングをされ始めるというようなことがあるのです。

要するに、マスコミは、まったく取材していなかったわけではなく、情報はきちんと集めていたということでしょう。マスコミも、何年分かの情報はずっと持っていて、機会を狙っているようなことがたくさんあるわけです。

また、彼らも、〝民間検察官〟のようなところがあり、そうしたことが〝公務〟

と言えば〝公務〟なので、「どこかでうまい汁《しる》を吸っているのではないか」という推定が、だいたいつくのです。「人は、たいてい、このくらいの立場になると、こういうことをしたがる」というような法則があるので、「何かあるはずだ」という勘《かん》をつけて狙っています。絶頂期になる前の段階あたりから目をつけて、見張っているようなことがあるのです。

「成長していくにつれて、単なる危機管理だけではなく、自分に対して客観的に見れるか」、あるいは、「公と私のところの基準がどんどん変わっていくということが分かるか」というのは、非常に厳しいところだと思います。

ただ、最終的には、ここで智慧《ちえ》があるかどうかが分かれます。初めのうちは成功していても、途中から駄目になる人などは多いので、ここのところは気をつけなければいけません。

その「若い時代のノリ」は、大丈夫《だいじょうぶ》か？

人間のなかには、どこか〝子供っぽい〟ところ、〝チャイルディッシュ〟なところがあるものです。「子供時代の癖《くせ》はこうだった」とか、あるいは、「学生時代のノリではこうだった」というようなものが、やや残っているところがあり、ある程度の地位ができてきたりしても、そういったものがなかなか抜《ぬ》けないところがあるので、気をつけなければいけません。

ところが、この（公と私の）基準は、なかなか教えてもらえないのです。教科書には載《の》っていませんし、周りの人も、思っていても言ってくれないこともあれば、言っていたとしても、全盛期には、なかなか自分の耳には入らないこともあります。

前述した、西武・コクドグループのように、もし、赤字が続き、銀行からも

「借金を返せ」と催促《さいそく》されているようなときに、毎月、料亭《りょうてい》で役員会議などを開いていれば、それは、内部の組合も許さないでしょうし、文句《もんく》もたくさん言うでしょう。

一方、会社がうまくいっていて、堅実《けんじつ》経営で、「日本を代表する経営者」などと言われていたら、文句のつけようがないし、ジャーナリストも、「そのくらいのことはするでしょうよ」と思って、批判記事も書きません。

そのあたりの「空気の変わり方」は知っておくべきです。

したがって、税金を払《はら》わずに済むようなことを、〝芸術的な経営〟などと言われても、それに傲《おご》っていてはいけません。「この状況《じょうきょう》が変わったら、どうなるか」ということは、常に思っていなければいけないでしょう。

6　男の発展段階

危機感と厳しさ

ここまで述べてきたように、「男としての発展段階」というものはあるのです。男は偉《えら》くなると、権力が増えてくるし、自由になることも増えてきます。要するに、他の人々の〝生殺与奪《せいさつよだつ》の権〟を握《にぎ》ることになるわけです。

やはり、それぞれの家庭において、「パパが昇進《しょうしん》するか、しないか。降格されるか、クビになるか」ということは、とても大変な問題でしょう。

ちょうど、ディケンズの『クリスマス・キャロル』という小説には、このようなシーンが描《えが》かれています。

意地悪で強欲《ごうよく》な老人である商人のスクルージは、クリスマス・イブの夜に三人の幽霊《ゆうれい》に出会います。彼はその幽霊に連れられて、従業員等の家がクリスマスにどうなっているのかを見てくるのです。薄給《はっきゅう》で貧しくても感謝してくれるところもあり、いろいろな家庭がありました。

それを見て、それぞれの家庭で生きている人たちがいるということを知らずに過ごしてきた老人が、従業員等に対するこれまでの行いを改心するシーンもある小説だったと思います。

いずれにしても、それぞれの家庭に影響《えいきょう》が出るものなので、厳しいところはあるのです。

もちろん、他人《ひと》に厳しくあってもよい場合はあります。それが、さらに来る困難を避《さ》けるための厳しさならば、しかたがないでしょう。むしろ、そうでなければならないところはあります。

例えば、ビーチで気持ちよく遊んでいる人たちがいても、監視塔《かんしとう》から双眼鏡《そうがんきょう》で沖《おき》のほうを見て、津波《つなみ》が来ていることが分かったのであれば、泳いでいる人たちを避難《ひなん》させなければいけません。彼らにはまだ見えなくても、「すぐに海から上がって、逃《に》げてください」と言うべきです。遊んでいる人たちが、「何を言っているのだ。まだもう少し遊びたいのに」と言っても、避難させなければいけないようなこともあるわけです。

実際に、津波がそばまで来るときに至れば、避難しなければならなかったことは分かります。ただ、その前には、「今は何も問題がないのに、おかしなことを言う」とか、「厳しい監視員だ。自分がサボりたいのではないか」などと思われるかもしれません。そういうことはあるわけです。

やはり、経営者というのは、他人よりも先に物事が見えなければなりません。津波が来て人々が溺《おぼ》れてから反省しても遅《おそ》く、すでに終わっています。やはり、逃げられる時間があるうちに、逃げなければいけないこともあるわけです。

「男学」としては、どうしても、そういったことに対する「厳しさ」が必要でしょう。

結婚観《けっこんかん》に人間性が出る

それは、特に若いころからも言えることでしょう。

ちなみに、私は昭和の人間ですが、昭和時代に青春期を送っていたころに、「まるで大正時代の人間だ」と言われたほどで、「五十年ぐらい古いタイプの人間だ」と言われていました。

今は平成が終わろうとしているところなので、平成の次の時代まで生きたら、かつての明治生まれの人ぐらいの感じになっているかもしれないなと思うと、怖《こわ》くてしかたがないものがあります。「〝明治〟のおじいさんが、何を言っているのだ」という感じで言われるかもしれません。

いや、〝明治〟ならまだよいのですが、「江戸《えど》時代の天保《てんぽう》のころの人みたいだ」などと言われて、「〝天保の改革〟をやっているらしい」などと言われたらどうしようかと思ったりもします。

それでも、渡部昇一《わたなべしょういち》先生も本に書いていたと思いますが、「男というのは、仕事ができなければ、女性に手を出すべきではない」という考え方を、私も若いころから持っていました。もちろん、「結婚《けっこん》もすべきではない」と思いましたし、そのあたりについて、非常に責任感はあったのです。「自分の仕事が確立していないのに、家庭など持てない」と思っていました。

そのあたりのことは、幸福の科学の次回作の実写映画「さらば青春、されど青春。」（二〇一八年初夏公開予定、製作総指揮・大川隆法）に描かれています。

普通《ふつう》に会社に勤めているなら結婚もできるのでしょうが、私は会社を辞《や》めなければならない運命を背負っている人間でした。退社独立するタイミングを計《はか》っている状態だったのです。「好きな人がいても、自分は会社を辞めなければいけない。収入があるかどうかについては、今のところ保証はできない。でも、その人を騙《だま》すことはできないから、自分は独《ひと》りにて行くしかない」ということで、物語ができていくわけです。

もっとも、これを、「バカだ」とする見方は当然あるだろうと思います。「女性なんか、騙したらそれでいいのだ。引っ掛《か》けたら終わりだ」という言い方もあるかもしれません。

それでも、まだ見ぬものへの責任は、きちんと感じていました。「独りでは行けるけれども、二人では行けないものもある」ということは思ったのです。

さらば
青春、されど青春。
2018年初夏ロードショー
2018年公開予定の映画「さらば青春、されど青春。」(製作総指揮:大川隆法/監督:赤羽博/配給:日活/製作:幸福の科学出版)

「結婚《けっこん》して霊示《れいじ》が止まったらどうしよう」

その後、一九八六年の十月に教団を創立し、事務所を開きました。そして、八八年の四月に結婚《けっこん》したのです。

当時、私は三十一歳《さい》でしたが、教団幹部は四十代から五十代の人たちであり、杉並《すぎなみ》区にあるささやかな公営の結婚式場で式を挙げました。五十人ぐらい収容できる場所だったと思います。

ただ、そのとき、年上の弟子《でし》たちは、「いや、宗教家なら妻を捨てて出家《しゅっけ》するというのは分かる。独身のままでいるというのも分かる。しかし、師の結婚に立ち会うというのは想像がつかない」というようなことを言っていて、「もしかしたら、これで狂《くる》うのではないか」という恐《おそ》れを、みなが持っているような感じは受けました。

実は、私自身もその心配はしていたのです。「今までは霊示《れいじ》が降りていたけれども、結婚したことで、これがピタッと止まったら、どうしようか」というようなことも思ってはいました。宗教は独身でやるか、あるいは恋人《こいびと》や伴侶《はんりょ》を捨ててくるのが普通なので、「霊道《れいどう》を開いて霊が降りるようになり、霊言《れいげん》ができて霊言集等を主体に発刊しているのに、結婚してこれがピタッと止まったら、どうなるのか」と思うと、正直なところ怖かったところもあります。もし霊示が降りなくなったら、責任があるわけです。

それに、年上の弟子たちは、「師の結婚に立ち会うというのは、幾転生《いくてんしょう》のなかであるだろうか」というようなことを言っていました。これは、「先生、『悟《さと》って出家した』というのに、異性と一緒《いっしょ》に住みたいなんていう気持ちを、まだ持っているのですか」ということを遠回しに言って、責めているわけです。

そのように、はっきりと責められていたのですが、それは言われてもしかたがないとは思っていました。

おかげさまで、講演会の規模がだんだん大きくなって大変でした。「宗教を開いたのに嫁《よめ》をもらうとは、たるんでいる」という感じで周りから言われるので、当時の家内《かない》が、「これでもか、これでもか」と、私の〝尻《しり》を叩《たた》いて〟きたわけです。「もっと大きな会場、もっと大きな会場」と言って、毎年、講演会の規模を大きくされました。私が「どこまで行くの?」と訊《き》いたら、「東京ドームまで」ということだったのです。

そのようなところもあって、えらく早い速度で行きました。一九八八年に結婚して、九一年には

1991 年 7 月 15 日、東京ドームで初となる御生誕祭を開催。「信仰の勝利」と題した講演のなかで、「エル・カンターレ宣言」を行った。

東京ドームで講演をしていますが、そのように、毎年大きくなっていくぐらいの負担感に耐《た》えないと、年上の弟子が許してくれないというか、疑いを持っていたわけです。「やはり、結婚したらできなくなったじゃないか」と思われるわけです。

ただ、幸いにして、霊示は止まることがなかったので、それはよかったと思っています。また、正当な夫婦《ふうふ》の場合は色情霊《しきじょうれい》等が来たりはしないということもよく分かりました。

確かに、伴侶を上手に使えば、仕事の補助者となって、協力者になることもあったことは事実です。

7　人間の本能

人間の本能――邪魔者《じゃまもの》は消したがる

ただ、当時は家内《かない》のほうが、私に対してなら言われないような批判をされるということも経験していました。前妻は性格がやや激しい人だったので、二十二、三歳《さい》の身でありながら、ずいぶん年上の人にいろいろと命令をしていたのですが、言い返されていたり、裏で私のほうに言ってこられたりするようなことがけっこうありました。

当時、元創価学会員《そうかがっかいいん》で、幸福の科学の理事長を務めた六十代の人がいましたが、二十二、三歳の女性に命令されるというのは、たまったものではなかったのでしょう。私に聞こえるところで、「しょんべん臭い小娘にあんなことを言われて、腹が立つ」と言っていました。

「あんなやつに言われてたまるか。こっちは人生のキャリアが違《ちが》うんだ。小娘が偉《えら》そうに。夫が主宰《しゅさい》（現総裁）をしているということで、それを担保《たんぽ》にして、偉そうに命令してくる」という感じで怒《おこ》っていたわけです。

また、前妻は自分よりも前からいるような人を邪魔《じゃま》だと思ったのか、三年以内にザーッと〝消し〟に入っていきました。

ただ、これは一種の本能なのかもしれません。そういうことが繰《く》り返し繰り返し起きました。要するに、前妻に限らず、理事長等を命じられた人が、自分よりも前にいた人を〝みな消そう〟とするようなことが、何度も起きたわけです。それでも組織にいられるような体制にするのには、そうとう時間がかかりました。

やはり、どの人であっても、「邪魔者は消す」というのが〝基本原則〟なのかもしれません。そういうものをリーズナブル（妥当《だとう》）な範囲《はんい》では受け入れたとしても、それを超《こ》えたら認めないようにするというのは、なかなか難しかったのです。

教団初期のころには、トップを替《か》えると、前のトップについていた部下のクビを切り始めるということが起きました。そこで、その人が四人ぐらいクビを切ったあたりで、私のほうがストップをかけ、「それ以上やるのであれば、あなたのほうを交替《こうたい》させます」ということを言っていたのです。

そういう人は、「今の能力が完璧《かんぺき》だから認められた。死ぬまでトップでいける」と思っていたのかもしれませんが、私はそのようには見ていないのです。私は、その人の長所の部分を使っているわけであって、短所まで使っているわけではありません。いろいろな人を組み合わせて経営をしているつもりでいました。

したがって、最初は「長所」が出ていたのに、だんだん「短所」のほうが出てき始めて、そちらに合わせて人の好き嫌《きら》いをたくさん出してくるようになると、一定以上は許さないことにしたわけです。いわゆる粛清《しゅくせい》に近い〝パージ（追放）〟を四人ぐらいしたところで、そこから先は許しませんでした。

抜擢《ばってき》人事の打率は四割

ところが、「初期のころに偉くして、そのあと消えていった人たち」を見ると、だいたい〝逆ギレ〟をするのです。「そちらが理事長や局長、役員等に任命したにもかかわらず、自分が外されたのは、任命した人のほうが悪いのだ。自分の地位は正当だけれども、それを外した人がおかしくなったんだ」という言い方をする人がいて、「ずいぶんと変わった判断があるのだな」と思ったのを覚えています。

要するに、「任命したほうがおかしくなったのであって、自分は正しいのだ」という言い方をする人が多かったのです。

これは、まことに不思議でしたが、そういうことがあるので、よく考えなければいけません。

私は、「抜擢《ばってき》人事は、だいたい打率四割だ」ということを繰り返し述べていますが（『実戦起業法』『経営と人望力』〈共に幸福の科学出版刊〉等参照）、なかなか自分のこととは思わないのでしょう。成功するのは四割ぐらいであり、六割は失敗するのです。

とはいえ、「ときどきは抜擢人事をしたほうが刺激《しげき》になってよい」ということは言われています。トータルで前進しているうちは周りも我慢《がまん》してくれることがあって、よいところを見て私が任命した人の、その長所が使えているうちはよいと思うのです。

しかし、人間は必ず短所も併《あわ》せ持っているものです。よくあるのが、任命されると、〝全権〟を認められたような気になって、短所のほうも出てき始めることです。

その短所のほうというのは、自分の性格や考え方から、「好き嫌い」で人を判断し始めるようなことで現れる場合が多くあります。

例えば、私であれば使える人のことを使えなかったり、「こういう人はちょっと危ないから、使いたくない」という人を使いたがったりするような傾向《けいこう》が出てき始めます。

これが一定の限度を超えると、もうどうにもならなくなるのです。その人を今の立場から外して、責任のない立場に下りてもらうか、経験を積んでもらわなければいけなくなります。初期のころは、そういったかたちの人事異動が非常に多かったのです。

クビを切る側の大変さ

当時はそういう状況《じょうきょう》でしたが、最初のころは教団に車もありませんでした。中古自動車屋の社長で、行事のときに車の運転をしてくれる人はいたものの、ボランティア的な立場であり、「車を汚《よご》されると嫌《いや》だから」ということで、中古のベンツらしき車の座席に、ビニールシートをかけたまま乗せてもらっていたのです。「よっぽどケチだな。ビニールシートぐらい外してほしい」と思ったのですが、商品価値が下がらないようにしていたのでしょう。「車ぐらいないと恥《は》ずかしいので、困るでしょう」と言いながらも、ビニールシートをかけたままの座席に私を乗せ、講演会場まで運転してくれてはいました。

その人は、月に一回ぐらいの行事の際に車を運転したりするだけで総務局長になった人で、「部下ゼロ」という、委員のような人が局長をやっていたわけです。ところが、当会の組織化が進むと、その人はだんだん仕事ができなくなってきたので、とうとう、その人を外したのです。そうすると、その人は週刊誌等で、「幸福の科学の宗教難民がたくさん生じている」というようなことを何年か言い続けていました。

そういうこともあるので、人事は難しいものであり、クビを切るのも大変ですし、降格させるのも異動を行うのも大変です。

みな、それぞれ、「自分はもう完全に仕事を任されており、百点と思われている」と思うらしいのです。

また、不思議なのは、自分が何かの役職に任命され、その仕事を任されたら、「自分が好きな人は総裁も好きで、自分が嫌いな人は総裁も嫌いだ」と思うらしいのです。まことに不思議なのですが、必ずそう思うようです。「総裁が自分を立てた以上、必ずそうだ」と思うらしく、そうではないことがなかなか分からないため、うまくいかないことが多かったのです。

8　人間の習性

人間の習性――他人《ひと》を醜《みにく》いと言う人間はあとで……

当会を三十年以上やってきて、傾向《けいこう》として見えてきたことがもう一つあります。何か見苦しいことをして〝消えていく人〟が、ときどきいたのですが、そういうときに、「ああいう人のようにはなりたくないな」と言う幹部がいます。ところが、「あのようにはなりたくない」と言った人が、何年かしたら、必ずと言ってよいほど、同じようになるのです。

「あれは醜《みにく》い。あれだけはやりたくない」と言っていた人が同じようになり、それが繰《く》り返し何度も起きました。

「なぜだろう」と思いましたが、結局、「両者は似ている」ということなのです。自分に似ているので、その人のやっていることが、手に取るようによく分かるのです。そのときには、「あのようにはなりたくない」と言うのですが、似ているため、同じような立場が回ってくると、自分も同じようになっていくわけです。「これは何度も起きる。気をつけなければいけない」と思いました。

マスコミの習性――獲物《えもの》は太らせてから屠《ほふ》れ

一九九一年以降、当会はマスコミからずいぶんバッシングを受けました。公人になるための洗礼《せんれい》はなかなか厳しいものであり、「まさか、ここまで言ってくるとは」と思うところがたくさんありましたが、「マスコミは以前から取材し、たくさん情報を溜《た》めていた」ということが、なかなか分からなかったのです。

当会は、一九九〇年ぐらいには、幕張《まくはり》メッセで年に四回も五回も講演会を行《おこな》っていたので、そうとう目立っていたはずであり、何か記事が出てもよいはずなのに、まったく何も出ませんでした。

そこで、「これでも無視するのか。では、次は東京ドームの上に飛行船でも飛ばそうか」と考え、「時代はいま、幸福の科学」と書かれた飛行船を飛ばしました。

そうすると、もろにバッシングが始まったのです。

それまでマスコミは当会を調べていなかったのではなく、ずっと調べてはいて、報道するチャンスを窺《うかが》っていたわけです。

「獲物《えもの》はできるだけ太らせてから屠《ほふ》る」というのがマスコミの基本原則であり、太っていないうちに料理はしません。「お祭りの際に肉を割《さ》いて分けられるぐらいまで太らせる」という作戦なのです。マスコミにはそういう悪知恵《わるぢえ》があるので、気をつけなくてはいけないのです。

そのため、マスコミの攻撃《こうげき》は、なかなか事前には抑止《よくし》できませんし、ファーストストライクというか、〝一発目の打ち込《こ》み〟については、ほとんどの人が予期できないことが多いのです。

9　言葉の重み

「言葉の重み」に堪《た》えられるのか？

「言葉の重み」には、本当に、なかなか厳しいものがあります。

今、横綱《よこづな》（日馬富士《はるまふじ》）の暴力問題で、いろいろな親方も取材されていますが、「貴乃花《たかのはな》親方が一言《ひとこと》も語らない」と、テレビ番組などでは言われたりしていますね（説法《せっぽう》時点）。

言葉も本当に難しくて、地位相応にというか、社会的注目を集めたり、立場が上がったりしていくほど、言葉は重くなってくるので、それに堪《た》えられなくてはいけません。

これは学校では習いませんし、社会人になっても、普通《ふつう》に雇《やと》われている立場では分からないことなのですが、経営者など、組織の顔の部分になってくるにつれ、その人の言葉が重くなってくるのです。

「言ったか、言わないか」ということも非常に大事ですが、いったん言葉を発したら、「綸言汗《りんげんあせ》の如《ごと》し」であり、取り消せないものです。

「綸言汗の如し」とは、「天皇陛下《へいか》や国王などの立場にある人が言った言葉は、汗のようなものであり、いったん出たらもう消せない」という意味です。

トランプ大統領は、不動産会社の社長をやっていたときに、テレビ番組にホスト（司会）として出て、“You're fired《ファイアード》!”（君はクビだ！）という言葉を流行《はや》らせました。

彼がその番組のホストをやめたあと、アーノルド・シュワルツェネッガーが後任を務めたのですが、うまく継《つ》げなかったぐらいなので、トランプさんのときに

●**テレビ番組に……**　「アプレンティス」という番組。ホストの会社に就職することを希望する十数名の参加者たちが、毎週、何らかの課題に挑み、その結果、各回の最後で１名がホストから脱落を宣告される。最終的に残った１人が勝者となり、登用される。

は面白《おもしろ》かったのでしょう。

その〝ファイアー男〟が大統領になったら、官僚《かんりょう》も大物閣僚もどんどんファイアーしていますし、CNNを激しく批判したり、「NBCの放送免許《めんきょ》を取り消す」と言ったりしています。

そんなトランプ大統領を嫌《きら》っている人は多くいますし、彼に対するマスコミの批判をそのまま受け取る人もいます。

美智子《みちこ》皇后、お言葉の責任は

先日（二〇一七年十一月上旬《じょうじゅん》）、トランプ大統領が日本に来られましたが、週刊誌等によれば、その来日前に、美智子《みちこ》皇后が、「天皇陛下にトランプ夫妻を会わせるのは、いかがなものか」というようなことをおっしゃったようです。

「皇后さまがそういうことを言うのは、いかがなものか」という気もしますが、美智子さまは、要するに、マスコミの報道を見て、「トランプ大統領は評判の悪い人だ」と思っておられるのだろうと思います。

そして、「危険で獰猛《どうもう》で、喧嘩《けんか》っ早《ぱや》くて、すぐにでも戦争をしそうな男とは会わないほうがよいのではないか」というようなことを考えられたのではないかと思いますが、基本的には、彼を嫌いなのだろうと思うのです。

この奥《おく》にあるのは何かと言うと、おそらく、現在の天皇皇后両陛下は、「戦後の平和憲法体制を支持する、立憲民主党や朝日新聞のような型《かた》の思想」を持っておられるのだと思われます。そういうことがだいたい分かるのです。

したがって、安倍《あべ》総理のことが嫌いなのだろうと思いますし、安倍総理が、「戦争のときに〝使える〟」と思い、一生懸命《いっしょうけんめい》、トランプ大統領と仲良くなろうとしていることも嫌《いや》で、そのことに〝使われる〟のが嫌なのでしょう。

しかし、国家の機関としては、外国の元首が来たら、いちおう、それなりの接《せっ》遇《ぐう》をしなくてはいけないので、嘘《うそ》か真《まこと》かは知りませんが、そういう話が聞こえてくるのだと思います。

もし、天皇がアメリカの大統領に会わず、それで大統領が、「なぜ、アメリカの軍人の血を流してまで、日本を護《まも》らなくてはいけないのだ」と怒《おこ》ったら大変なことになるので、政府の思いとしては、「お天気の話をするだけでもよいから、足が立つなら、とにかく歓迎会《かんげいかい》に出ていただきたい」というところでしょう。

天皇皇后両陛下は、その後、屋久島《やくしま》に行かれたり、井《い》の頭《かしら》公園を散策されたりして、お元気なところをご夫婦《ふうふ》で見せておられるので、「早く退位して、民間人のような気分になり、いろいろなところを旅行なさりたいのだろう」ということが分かります。

退位の問題があって、お気持ちとしては、「もう魂《たましい》が半分くらい抜《ぬ》けていらっしゃる」のではないでしょうか。「天皇が国事行為《こうい》としてなされなくてはならないことは、まだあるのではないか」と思うのですが、そのような言葉も出てきています。

そのように、偉《えら》くなると、言いたいことが言えなくなったりしますが、「言葉がすごく重くなる」ということは知らなくてはいけません。

先日（二〇一七年十一月二十一日）、私は、「アンガー・マネジメント」という説法《せっぽう》をしたのですが、「怒《いか》りがすぐに出る」ような〝単細胞《たんさいぼう》〟では駄目《だめ》なのです。

自分の部下や同僚たち、会社全体の経営、家族のこと等を考え、智慧《ちえ》をもって言葉を選ばなければいけません。そのあたりの難しさはあるのです。

男学としては、「男は、言葉の重みを知らなければいけない」と言えます。

10　公《こう》と私《し》

「事業より女を取る男」に人がついてくるか

異性関係においては、「仕事ができず、経済力もない者には、やはり、基本的にその資格がない」と思われてもしかたがありません。仕事ができず、経済力もなく、ほかの人に後始末《あとしまつ》をしてもらう感じで、本能のままに走り回るようでは、人はついてこないのです。

簡単に言うならば、「事業よりも女を取って、〝女に走る〟というタイプのトップには、人はついてこない」のです。これは知っておいたほうがよいと思います。このタイプには人はついてきません。

「情においては忍《しの》びなくても、やはり、本業のほうをきちんと取る」という人でなければ、大勢の人はついてこないわけです。

「泣いて馬謖《ばしょく》を斬《き》った」体験

そういうことを、私も経験したと思います。

私は、五年ほど前に（説法《せっぽう》時点）、二十四年間は夫婦《ふうふ》であった相手と別れました。「幸福の科学をやめるか、夫婦をやめるか」と迫《せま》られたら、やはり、「夫婦をやめるしかない」ということで、そういう判断をしました。

当会は、もう公器となっており、公器として大勢の人を導き、信者が大勢いて、全世界で活動しているので、それを夫婦問題でやめるわけにはいかないのです。

当時の妻は、「自分の言うことをきかないのであれば、離婚《りこん》する」というような交渉《こうしょう》条件で揺《ゆ》さぶってきたのですが、これは公私混同です。それだと、中国の歴史によくいる悪女と同じになってしまいます。

当時の妻は、いろいろな人をクビにしたがったり、自分の好きなことを事業にしたがったりしましたが、彼女の言うことをきけないものはきけないのです。

「仕事の面で、総裁から出ている指示と、総裁の奥《おく》さんから出ている指示が違《ちが》う」ということが現実にたくさん起きてしまい、その指示を両方とも受けた人は、「頭が狂《くる》う」と言って、「二日出勤しては一日休む」というようなことを、繰《く》り返しているときもありました。

また、こちらに知られたくないような指示を、知られないような方法で指示していたりすることもあって、混乱はありました。

このあたりについては、「泣いて馬謖《ばしょく》を斬《き》る」ではありませんが、「そういうことをやらなくてはいけないときもあった」と思います。

「向こうにも言い分はあったのだろう」と思うことはありますし、守るべきものは守らなくてはいけませんが、一定以上の社会的責任がある人の場合、「守れないこともある」のです。それを受け入れなくてはいけないと思います。

大国の宰相《さいしょう》は「軽さ」で非難される

安倍《あべ》総理は、「森友《もりとも》・加計《かけ》問題」を国会でずいぶん追及《ついきゅう》されていますが、総理の奥さんの問題まで出てきたことに対して、「首相夫人は公人ではない」と言っています。

しかし、安倍総理の奥さんが、首相の代理のように、コソコソと、いろいろな人と会ったり電話したりして、何か〝ワーク〟を陰《かげ》でやっているのは分かっているのです。

例えば、日本の外務省では、トランプ氏が大統領になることを誰《だれ》も予想していなかったので、トランプ氏とのコネクションがまったくありませんでした。そのため、「昭恵《あきえ》夫人が、幸福の科学の関係者にまで、『トランプさんとのコネクションを何か持っていますか』と訊《き》いてきた」という話もあるぐらいです。

それほど、外務省の予想はまったくの〝ど外れ〟だったらしいのですが、彼女は、そういう〝ワーク〟を実際にしているわけです。

彼女には秘書官もついているので、「首相の代理で、やっている」と思う人はたくさんいたでしょう。そのへんをかばうために、首相は、「まったく公人ではない」と言って、シラを切っていますが、かばい切れなくなったら、それには、しかたがないところもあるかもしれません。

そのあたりが、安倍夫妻の〝フットワークの軽さ〟の部分でしょうし、それがあの夫婦の魅力《みりょく》でもあるのですが、逆に言えば、「大国の宰相《さいしょう》として、どこまで自制が利《き》くか」という問題にもなってくると思うので、このへんは難しいところでしょう。

今まではほめられていたことが、途中《とちゅう》から、「動きが軽すぎる」という理由で非難されるようになることは当然あります。それをずっと狙《ねら》われているのだろうと思うのです。

今のところ、北朝鮮《きたちょうせん》が怖《こわ》いために、国民は安倍政権を支持せざるをえない状況《じょうきょう》になっており、北朝鮮の〝おかげ〟で安倍総理は辞《や》めずに済んでいるのではないかと思います。ほかのところでは国を護《まも》ってくれそうにないからです。

そのように感じられます。

立場の変化で「私《し》」が「公《こう》」に変わるとき

古代中国の殷《いん》王朝には、紂王《ちゅうおう》という、悪王と言われている人がいます。この王は、妲己《だっき》という美人に入れ込《こ》んで、国政を蔑《ないがし》ろにしたのです。

この王の行いは、「酒池肉林《しゅちにくりん》」という言葉で伝わっています。池に酒を満たし、その上を船で渡《わた》ったり、肉をかけて林のようにしたりしたようです。

また、秦《しん》の始皇帝《しこうてい》は阿房宮《あぼうきゅう》を建てて美女三千人を集めたと言われています。

ほかにも、唐《とう》の時代の玄宗《げんそう》皇帝は、「仏教に帰依《きえ》していた」とも言われ、宗教性もあった方であり、治世の前半に関してはずいぶんほめられていますが、楊貴《ようき》妃《ひ》に入れ込んでからは、国政を放棄《ほうき》し、遊びをたくさんし始めたため、やがて「安禄山《あんろくざん》の乱」が起き、退位するはめになってしまいました。

このように、中国には、歴史上、「悪女」と言われる女性がたくさんいます。その容貌《ようぼう》でもって権力をほしいままにし、国を傾《かたむ》ける「傾国《けいこく》の美女」が出てくるのです。日本にも、細《こま》かく見ればそういう女性がいるのかもしれませんが、中国の女性ほどすごい悪女は、日本には出にくいところがあります。

このように、女性との関係のところも、なかなか難しいのです。

為政者《いせいしゃ》と夫婦になった女性が、本来、国王なり皇帝なりが適正に政務を執《と》り、きちんと判断すべきであることに口出しをして、その判断等を引っ繰り返したり、自分の欲《ほっ》するままにやったりした結果、怨嗟《えんさ》の念を生じさせて恨《うら》みを買ったり、周りが「ひどすぎるね」と言ったりするようになってきたら、その女性は追い出されることになります。

あるいは、逆に、相手方に対して粛清《しゅくせい》をかけたり、見せしめで首を刎《は》ねたりすることもあるかもしれません。

このあたりの女性問題には、なかなか難しいところがあるので、気をつけなければいけないのです。

それは、本来、プライバシーにかかわることであり、プライベートな問題だとは思うのですが、一私人、自由人なら構わないことであっても、だんだんに立場が上がってくると、周囲の目は厳しくなります。

世に知られた会社の場合、部長ぐらいから上になると、「公私混同」と言われたら、ただでは済まされないことは多いので、厳しいものです。

その人が稼《かせ》ぎ頭《がしら》であったりしたときには、会社のほうは、その人をなかなかクビにはできないでしょうが、新聞沙汰《ざた》や週刊誌沙汰になったら、護れなくなることはあるでしょう。

問題を見逃《みのが》してきた上役《うわやく》の責任も問われるとき

美智子《みちこ》皇后のお兄さんは、昔の日比谷《ひびや》高校あたりから東大に進み、日銀に行った方ですが、美智子さまが皇室に入られることになったら、「皇太子妃の兄が仕事で失敗したら困る」ということで、営業セクションなど対外的なところには絶対に配属しないようにされ、監査《かんさ》役のような立場で、一生、〝囲われて〟しまいました。

「それほど難しいものなのか」と思います。

きょうだいなどの不祥事《ふしょうじ》であっても、皇室に影響《えいきょう》が及《およ》ぶので、このあたりは、なかなか難しいわけです。

「自分に厳しくなる」のは難しいことです。権力が増してくると自分に甘《あま》くなってきますし、自由にできる範囲《はんい》が広がってくるので、感覚が鈍《にぶ》ってもきます。

そういう立場に立つと、〝イエスマン〟に取り囲まれることも事実ですが、それが単なる〝イエスマン〟ではなく、過去の実績から見て、「これが当たり前かな」と思われるようなところがある人だと、その人に反対できないこともあったりします。

しかし、会社が傾いてくると、やはり、経営者は責任を取らされることになるのです。

また、「これは間違っているのではないか」と思いつつも、見逃《みのが》して放置しているうちに、だんだん問題が大きくなったりした場合には、その本人だけではなく、それを見逃してきた者にも責任が生じます。

例えば、部長なら部長が〝独走〟しているときに、上の立場の人が、「間違ったことをやっているな」と思いつつも、「こいつは利益をあげているから、いいか」と思っていたとします。

その場合、その部長のやっていたことが週刊誌等で叩《たた》かれ始めたら、トップにまで責任が及んできて、トップが辞めなくてはいけなくなることも起きるのです。

タンカーに妻の名を付けて叩《たた》かれた社長の話

私が昔、勤めていた会社で、私の入社時に社長をしていた人は、奥さんに先立たれ、二回目の結婚をしました。

その社長は、クラブのカウンターで酒を飲んだりしていたのですが、そのクラブのママと結婚したのです。向こうは、その人を会社の社長とは知らずに酒の相手をしていたのですが、「結婚しないか」と言われて、急に結婚することになったわけです。

ところが、「クラブのママからすぐに社長夫人になるというのでは、さすがに格好が悪いから、どうにかしなくてはいけない」ということで、その女性は、一年間ぐらい、アメリカの西海岸かどこかに送り込まれ、英会話の勉強をさせられました。そして、帰国後に結婚したのです。

私の勤めていた会社には、当時、造船部門もありました。もちろん、ほかのメーカーと組んでの造船です。その社長は、受注したタンカーの進水式に奥さんと一緒《いっしょ》に出て、くす玉を割りましたが、その船には、クラブのママだった奥さんの名前を付けていました。

そのことを週刊誌がつかみ、「社長は船に自分の奥さんの名前を付けた。この奥さんは、実は、〇〇のクラブのママだった人で、シンデレラのように社長を射止めて……」というような記事を載《の》せました。そこには、親戚《しんせき》のことや、その人の傾向まで書かれていたのです。

あっという間に、そんな記事が出てきたので、社内では社員たちが、「ああいうことをすると、だいたい社運が傾くんだよ」などと陰口《かげぐち》を言っていました。私は「ああ、厳しいものだなあ」と思いました。

社長を何年もやったら、自分のところでつくったタンカーに、他の企業《きぎょう》と合同での生産ではあっても、自分の奥さんの名を付けたくなるのかもしれません。

奥さんが何という名前だったか、私は覚えていないのですが、例えば、マリアという名前だとしたら、船をマリア号と名付けたのです。そのため、「そのもとは何だ」ということをマスコミに探《さぐ》られて記事にされ、下の人たちは陰口を言っていました。

だいたい、そんなものです。「厳しいものだ」と感じました。

上に立つ人は、仕事がよくできなくてはいけませんし、結果責任があるので、結果として成功しなくてはいけませんが、さらに、「仕事以外のことについても、何千、何万、あるいは、それ以上の目で見られているし、外側からもバードウオッチングのように見られているのだ」ということを知っていなくてはいけません。ですから、「その時が来るまでは成長し続ける」という、自分に対する厳しさを持っていなくてはいけないのです。

11　男は「責任感の塊《かたまり》」であれ

これが、パパというか、父親が息子《むすこ》に言っておきたい、「男学の入門編」です。

世の中では、こういうことが年齢《ねんれい》に応じて起きてくるのですが、「それが起きるころには父親はもういないから、教えてくれないよ。それが分かるのは最後のときであることが多く、自分が社会から〝抹殺《まっさつ》〟されるときには、それが分かるけれども、そのときには、だいたい、父親はもう、かばってくれる存在としてはいないよ」ということを、よく知っておいたほうがよいのです。

今回の話のなかには、いろいろな機会に少しずつ言ったことも入っていたとは思いますが、社会で成功して道を外さないためには、だんだん自分に厳しくならなくてはいけません。

従業員は、経営が順調で社業が発展し、家族を養える範囲《はんい》内のときには、何かがあっても我慢《がまん》してくれるものですが、経営が傾《かたむ》いてきたら見る目が厳しくなり、最後には、内部告発をして、ユダのように「上」を売るように必ずなるので、それも覚悟《かくご》したほうがよいのです。

天皇陛下《へいか》のような気持ちになっていても、人生の後半において、警察に捕《つか》まり、拘置所《こうちしょ》に放り込《こ》まれることもあります。

男として、そういうことを知っていなくてはいけないのです。男は、基本的には、「責任感の塊《かたまり》」でなければ、やっていけないものなのです。自分に厳しく、成果がなくても耐《た》えなければいけません。

自分がうまくやったことについては、常々、「これは自分の力ではなく他人《ひと》のおかげだ」と感謝し、また、自分が失敗したことについては、他人のせいや環境《かんきょう》のせいにせず、「自分自身の力が足りなかったのだ」と反省して、その足りなかったところを補っていこうとする努力を、謙虚《けんきょ》に、コツコツとカメのように続けていくことが、基本的には大事なのです。

今回は、そういうことを言っておこうかと思います。

あとがき

私はいまでも、仕事ができない人間、つまり、経済的に家庭に責任を持てない男は、まだまだ修行期《しゅぎょうき》であり、軽々《かるがる》しく女性の尻を追いかけるべきではないと思う。男は、一年ごとに年輪《ねんりん》を刻《きざ》むごとく責任が重くなっていく。これが分からなければ、男女同権の時代とは言っても、男は「パパ」になる資格はない。

はたして「男学」を語る資格が自分にあるかどうかは分からない。しかし、長い間、プレッシャーに耐える仕事はしてきた。どれだけの責任が負えるかを、毎年毎年考えてきた。宮仕《みやづか》えも、無職無給も、瀕死《ひんし》の大病も、信頼していたパートナーとの別れも経験してきた。

だが、「パパの男学」を矜持《きょうじ》（誇《ほこ》りのこと）としては持ち続けてきた。一言《ひとこと》の重みを知る今、息子世代に、簡単な形で何かを言い遺《のこ》しておきたいのだ。

二〇一七年　十二月十九日

幸福《こうふく》の科学《かがく》グループ創始者兼総裁《そうししゃけんそうさい》　大川隆法《おおかわりゅうほう》

『パパの男学入門』大川隆法著作関連書籍

『実戦起業法』（幸福の科学出版刊）
『経営と人望力』（同右）
『帝王学の築き方』（同右）
『現代の帝王学序説』（同右）
『徳のリーダーシップとは何か　三国志の英雄・劉備玄徳は語る』（同右）
『景気回復法——公開霊言 高橋是清・田中角栄・土光敏夫——』（同右）
※左記は書店では取り扱っておりません。最寄りの精舎・支部・拠点までお問い合わせください。
『未来創造の帝王学』（ＨＳ政経塾刊）

パパの男学入門《おとこがくにゅうもん》
——責任感が男をつくる——

2017年12月27日　初版第1刷

著　者　　大《おお》川《かわ》隆《りゅう》法《ほう》

発行所　　幸福の科学出版株式会社
〒107-0052 東京都港区赤坂2丁目10番14号
TEL(03)5573-7700
http://www.irhpress.co.jp/
印刷・製本　株式会社 研文社

落丁・乱丁本はおとりかえいたします

ISBN978-4-86395-970-5 C0030

大川隆法ベストセラーズ・人の上に立つ者の心構え

帝王学の築き方

危機の時代を生きるリーダーの心がけ

追い風でも、逆風でも前に進むことがリーダーの条件である──。帝王学をマスターするための智慧が満載された、『現代の帝王学序説』の続編。

2,000円

現代の帝王学序説

人の上に立つ者はかくあるべし

組織における人間関係の心得、競争社会での「徳」の積み方、リーダーになるための条件など、学校では教わらない「人間学」の要諦が明かされる。

1,500円

経営と人望力

豪華装丁
函入り

成功しつづける
経営者の資質とは何か

年代別の起業成功法、黒字体質をつくるマインドと徳、リーダーの条件としての「人望力」など、実務と精神論の両面から「経営の王道」を伝授。

10,000円

※表示価格は本体価格（税別）です。

大川隆法ベストセラーズ・人の上に立つ者の心構え

凡事徹底と成功への道

現代人が見失った「悟りの心」とは？日常生活や実務のなかに流れる「宗教的感覚」や、すべての世界に共通する「一流になる法則」を説き明かす。

1,500円

自制心

「心のコントロール力」を高めるコツ

大川隆法　大川直樹　共著

ビジネスや勉強で、運や環境の変化などに左右されずに成果を生み出し続けるには？「できる人」になるための「心のマネジメント法」を公開。

1,500円

徳のリーダーシップとは何か 三国志の英雄・劉備玄徳は語る

三国志で圧倒的な人気を誇る劉備玄徳が、ついに復活！ 希代の英雄が語る珠玉の「リーダー学」と「組織論」。その真実の素顔と人心掌握の極意とは？

2,000円

大川隆法 ベストセラーズ・仕事能力を高めるヒント

仕事ができるとは どういうことなのか

無駄仕事をやめ、「目に見える成果」を出す。一人ひとりが「経営者の目」を持つ秘訣や「嫌われる勇気」の意外な落とし穴など、発展する智慧が満載！

1,500円

凡事徹底と静寂の時間

現代における〝禅的生活〟のすすめ

忙しい現代社会のなかで〝本来の自己〟を置き忘れていないか？「仕事能力」と「精神性」を共に高める〝知的生活のエッセンス〟がこの一冊に。

1,500円

稼げる男の見分け方

富と成功を引き寄せる 10 の条件

仕事の仕方や性格など、「出世するオトコ」は、ここが違う！ 婚活女子、人事担当者必読の「男を見抜く知恵」が満載。男性の自己啓発にも最適。

1,500円

※表示価格は本体価格（税別）です。

大川隆法霊言シリーズ・経営の厳しさを訊く

松下幸之助「事業成功の秘訣」を語る

デフレ不況に打ち克つ組織、「ネット社会における経営」の落とし穴など、景気や環境に左右されない事業成功の法則を「経営の神様」が伝授!

1,400円

稲盛和夫守護霊が語る 仏法と経営の厳しさについて

実戦で鍛えられた経営哲学と、信仰で培われた仏教精神。日本再建のカギとは何か――。いま、大物実業家が、日本企業の未来にアドバイス!

1,400円

渋谷をつくった男

堤清二、死後インタビュー

PARCO、無印良品、LOFT、リブロ、西武百貨店――セゾングループを築いた男が明かす、グループ隆盛の原動力、時代に乗り遅れないための秘訣とは。

1,400円

大川隆法霊言シリーズ・プロの厳しさと自助の精神

元相撲協会理事長 横綱
北の湖の霊言
ひたすら勝負に勝つ法
死後3週目のラスト・メッセージ

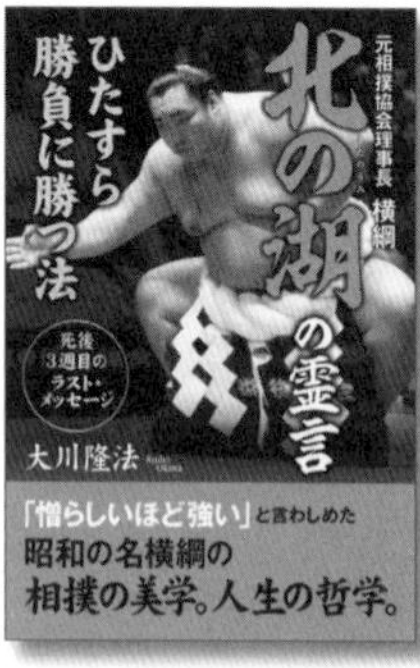

精進、忍耐、そして〝神事を行う者〟の誇りと自覚——。国技の頂点に立ちつづけた昭和の名横綱が、死後三週目に語った「勝負哲学」。

1,400円

現代の自助論を求めて
サミュエル・スマイルズの霊言

自助努力の精神を失った国に発展はない!『自助論』の著者・スマイルズ自身が、成功論の本質や、「セルフ・ヘルプ」の現代的意義を語る。

1,500円

幸田露伴かく語りき
スピリチュアル時代の <努力論>

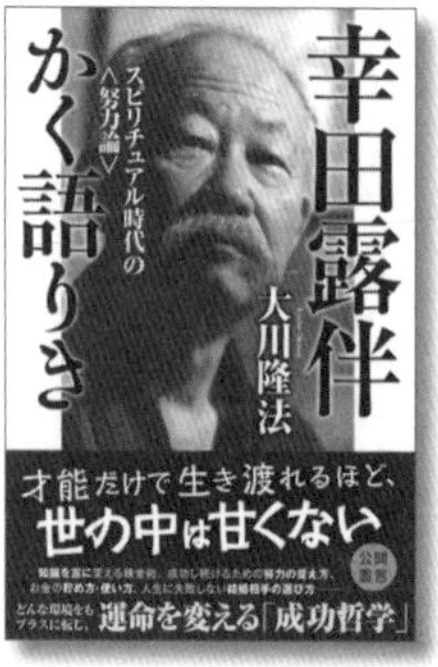

努力で破れない運命などない! 電信技手から転身し、一世を風靡した明治の文豪が語る、どんな環境をもプラスに転じる「成功哲学」とは。

1,400円

※表示価格は本体価格(税別)です。

大川隆法シリーズ・最新刊

ドストエフスキーの霊言

ロシアの大文豪に隠された魂の秘密

『罪と罰』で知られるロシアの文豪・ドストエフスキーが、その難解な作品に込めた真意を語る。個人や社会、国家をも変える文学の可能性とは。

1,400円

「太平天国の乱」の宗教革命家 洪秀全の霊言

北朝鮮の「最期」と中国の「次の革命」

世界史上最大規模の革命運動だった「太平天国の乱」。その指導者・洪秀全の隠された歴史的意味と、今後、中国で予想される革命の姿が明かされる。

1,400円

新しい霊界入門

人は死んだらどんな体験をする?

あの世の生活って、どんなもの? すべての人に知ってほしい、最先端の霊界情報が満載の一書。渡部昇一氏の恩師・佐藤順太氏の霊言を同時収録。

1,500円

幸福の科学グループのご案内

宗教、教育、政治、出版などの活動を通じて、地球的ユートピアの実現を目指しています。

幸福の科学

一九八六年に立宗。信仰の対象は、地球系霊団の最高大霊、主エル・カンターレ。世界百カ国以上の国々に信者を持ち、全人類救済という尊い使命のもと、信者は、「愛」と「悟り」と「ユートピア建設」の教えの実践、伝道に励んでいます。

（二〇一七年十二月現在）

愛

幸福の科学の「愛」とは、与える愛です。これは、仏教の慈悲《じひ》や布施《ふせ》の精神と同じことです。信者は、仏法真理をお伝えすることを通して、多くの方に幸福な人生を送っていただくための活動に励んでいます。

悟り

「悟り」とは、自らが仏の子であることを知るということです。教学《きょうがく》や精神統一によって心を磨き、智《ち》慧《え》を得て悩みを解決すると共に、天使・菩薩《ぼさつ》の境地を目指し、より多くの人を救える力を身につけていきます。

ユートピア建設

私たち人間は、地上に理想世界を建設するという尊い使命を持って生まれてきています。社会の悪を押しとどめ、善を推し進めるために、信者はさまざまな活動に積極的に参加しています。

国内外の世界で貧困や災害、心の病で苦しんでいる人々に対しては、現地メンバーや支援団体と連携して、物心両面にわたり、あらゆる手段で手を差し伸べています。

年間約３万人の自殺者を減らすため、全国各地で街頭キャンペーンを展開しています。

公式サイト **www.withyou-hs.net**

ヘレン・ケラーを理想として活動する、ハンディキャップを持つ方とボランティアの会です。視聴覚障害者、肢体不自由な方々に仏法真理を学んでいただくための、さまざまなサポートをしています。

公式サイト **www.helen-hs.net**

入会のご案内

幸福の科学では、大川隆法総裁が説く仏法真理《ぶっぽうしんり》をもとに、「どうすれば幸福になれるのか、また、他の人を幸福にできるのか」を学び、実践しています。

入会

仏法真理を学んでみたい方へ

大川隆法総裁の教えを信じ、学ぼうとする方なら、どなたでも入会できます。入会された方には、『入会版「正心法語」』が授与されます。

三帰《さんき》誓願《せいがん》

信仰をさらに深めたい方へ

仏弟子としてさらに信仰を深めたい方は、仏《ぶっ》・法《ぽう》・僧《そう》の三宝《さんぼう》への帰依を誓う「三帰誓願式」を受けることができます。三帰誓願者には、『仏説・正心法語《しょうしんほうご》』『祈願文《きがんもん》①』『祈願文②』『エル・カンターレへの祈り』が授与されます。

幸福の科学 サービスセンター
TEL 03-5793-1727
（受付時間／火～金：10～20時 土・日祝：10～18時）

幸福の科学 公式サイト
happy-science.jp

学校法人
幸福の科学学園

学校法人　幸福の科学学園は、幸福の科学の教育理念のもとにつくられた教育機関です。人間にとって最も大切な宗教教育の導入を通じて精神性を高めながら、ユートピア建設に貢献する人材輩出を目指しています。

幸福の科学学園

中学校・高等学校（那須本校）
2010年4月開校・栃木県那須郡（男女共学・全寮制）
TEL **0287-75-7777**
公式サイト **happy-science.ac.jp**

関西中学校・高等学校（関西校）
2013年4月開校・滋賀県大津市（男女共学・寮及び通学）
TEL **077-573-7774**
公式サイト **kansai.happy-science.ac.jp**

仏法真理塾「サクセスNo.1」 TEL **03-5750-0747**（東京本校）
小・中・高校生が、信仰教育を基礎にしながら、「勉強も『心の修行』」と考えて学んでいます。

不登校児支援スクール「ネバー・マインド」 TEL **03-5750-1741**
心の面からのアプローチを重視して、不登校の子供たちを支援しています。
また、障害児支援の「**ユー・アー・エンゼル!」運動**も行っています。

エンゼルプランV TEL **03-5750-0757**
幼少時からの心の教育を大切にして、信仰をベースにした幼児教育を行っています。

シニア・プラン21 TEL **03-6384-0778**
希望に満ちた生涯現役人生のために、年齢を問わず、多くの方が学んでいます。

NPO 活動支援

学校からのいじめ追放を目指し、さまざまな社会提言をしています。また、各地でのシンポジウムや学校への啓発ポスター掲示等に取り組む一般財団法人「いじめから子供を守ろうネットワーク」を支援しています。

ブログ **blog.mamoro.org**
公式サイト **mamoro.org**
相談窓口 **TEL.03-5719-2170**

政治

幸福実現党

内憂外患《ないゆうがいかん》の国難に立ち向かうべく、2009年5月に幸福実現党を立党しました。創立者である大川隆法党総裁の精神的指導のもと、宗教だけでは解決できない問題に取り組み、幸福を具体化するための力になっています。

幸福実現党 釈量子サイト
shaku-ryoko.net

Twitter
釈量子@shakuryoko
で検索

党の機関紙
「幸福実現NEWS」

幸福実現党　党員募集中

あなたも幸福を実現する政治に参画しませんか。

○ 幸福実現党の理念と綱領、政策に賛同する18歳以上の方なら、どなたでも参加いただけます。
○ 党費：正党員（年額5千円［学生 年額2千円］）、特別党員（年額10万円以上）、家族党員（年額2千円）
○ 党員資格は党費を入金された日から1年間です。
○ 正党員、特別党員の皆様には機関紙「幸福実現NEWS（党員版）」が送付されます。

＊申込書は、下記、幸福実現党公式サイトでダウンロードできます。
住所：〒107-0052　東京都港区赤坂2-10-8 6階 幸福実現党本部
TEL **03-6441-0754**　FAX **03-6441-0764**
公式サイト **hr-party.jp**　若者向け政治サイト **truthyouth.jp**

幸福の科学グループ事業

幸福の科学出版

出版
メディア
事業

大川隆法総裁の仏法真理の書を中心に、ビジネス、自己啓発、小説など、さまざまなジャンルの書籍・雑誌を出版しています。他にも、映画事業、文学・学術発展のための振興事業、テレビ・ラジオ番組の提供など、幸福の科学文化を広げる事業を行っています。

アー・ユー・ハッピー？
are-you-happy.com

ザ・リバティ
the-liberty.com

幸福の科学出版
TEL **03-5573-7700**
公式サイト **irhpress.co.jp**

THE FACT

ザ・ファクト
マスコミが報道しない
「事実」を世界に伝える
ネット・オピニオン番組

Youtubeにて
随時好評
配信中！

ザ・ファクト　検索

芸能文化
事業

NEW STAR PRODUCTION

ニュースター・プロダクション

「新時代の"美しさ"」を創造する芸能プロダクションです。2016年3月に映画「天使に"アイム・ファイン"」を、2017年5月には映画「君のまなざし」を公開しています。

公式サイト **newstarpro.co.jp**

ARI Production

ARI《アリ》 Production《プロダクション》

タレント一人ひとりの個性や魅力を引き出し、「新時代を創造するエンターテインメント」をコンセプトに、世の中に精神的価値のある作品を提供していく芸能プロダクションです。

公式サイト **aripro.co.jp**

大川隆法　講演会のご案内

大川隆法総裁の講演会が全国各地で開催されています。

講演のなかでは、毎回、「世界教師」としての立場から、幸福な人生を生きるための心の教えをはじめ、世界各地で起きている宗教対立、紛争、国際政治や経済といった時事問題に対する指針など、日本と世界がさらなる繁栄の未来を実現するための道筋が示されています。

8月2日 東京ドーム「人類の選択」

5月14日 ロームシアター京都「永遠なるものを求めて」

4月23日 高知県立県民体育館「人生を深く生きる」

2月11日 大分別府ビーコンプラザ・コンベンションホール「信じる力」

12月7日 幕張メッセ「愛を広げる力」

※上写真の開催日はすべて2017年

講演会には、どなたでもご参加いただけます。
最新の講演会の開催情報はこちらへ。⟹

大川隆法総裁公式サイト
https://ryuho-okawa.org